(à M. G. Bengeno
Paris).

Monsieur,

Le petit volume, dont vous me parlez, est
introuvable, je l'ai souvent cherché et jamais
rencontré dans les ventes ou chez les libraires.
Mais il est très positivement (je dis dire il
était, puisque vous ne l'avez pas pu obtenir) à
la Bibliothèque de la rue de Richelieu. C'est là où
je l'ai lu, très positivement lu, vers 1866.
Tentez encore un effort. Il y a trente kilomètres de
livres dans cet abîme, et lorsqu'une fois un volume

a été dévoyé, il y en a pour l'éternité. j'ai expérimenté il y a quelques jours cette vérité. Je demandais un volume de Diderot, <u>Essai sur la vie de Claude et de Néron</u> (ed. de 1782). j'avais des renvois à cette édition renvois pris à la dite bibliothèque, il y a sept ou huit ans. l'édition ne s'est pas trouvée en place, et, après des recherches répétées, j'ai été obligé d'y renoncer. j'espère, monsieur, qu'il n'en sera pas de même pour vous, à un dernier instant. quant à la date que vous voudriez vérifier, si vous voulez me dire de qui il s'agit, je ferai mon possible pour vous tirer de peine. Le petit volume que vous recherchez est tout petit et renferme peu de lettres.

~~rechercher~~ il m'a été fort utile, et les lettres ~~Mr n'ont beaucoup besoin~~
de Madame du Châtelet qu'on y rencontre ont
un intérêt tout historique. En conséquence, encore une fois, monsieur,
je me mets à votre disposition, heureux si je puis
~~quelques~~ ...
vous être de quelque utilité. Mille pardons pour
ce griffonnage. J'ai voulu ne pas vous faire attendre
ma réponse que je remets à votre correspondant.

Agréez, monsieur, l'assurance de ma considération
distinguée.
                              Gustave Desnoiresterres

mercredi 26/5 h. soir

*Lettres de Mr de Voltaire geneve 1782.*

# LETTRES
## DE
## M. DE VOLTAIRE
### ET
## DE SA CÉLÈBRE AMIE.

# LETTRES
## DE
## M. DE VOLTAIRE
## ET
## DE SA CÉLEBRE AMIE;

*Suivies d'un petit Poëme, d'une Lettre de J. J. Rousseau, & d'un paralelle entre Voltaire & J. J. Rousseau.*

### A GENÈVE,
*Et se trouve à* PARIS,

Chez CAILLEAU, Imprimeur-Libraire, rue Saint-Severin.

M. DCC. LXXXII.

# PRÉFACE
## DE L'ÉDITEUR.

Les Ecrits qu'un Auteur publie ne sont d'ordinaire que le masque sous lequel il nous présente son cœur. C'est dans une correspondance intime & secrette qu'il se dévoile en liberté.

Les Lettres de M. de Voltaire à M. l'Abbé Moussinot nous montrent cet homme fameux très-occupé du soin de sa fortune ; les services même qu'il rend ne paroissent rien moins que désintéressés.

## PRÉFACE.

D'autres Lettres imprimées du vivant de M. de Voltaire, par la Beaumelle, sont fort loin de le peindre en beau.

Celles dont je fais part actuellement au Public, bien supérieures aux précedentes par leur style ou par leur objet, n'offrent que peu de traits de la fausseté du prétendu Philosophe. On y reconnoît partout le bel-esprit rare qui converse avec un homme d'esprit.

J'ai joint à ce Recueil un petit Poëme fort agréable que M. de S......: conservoit en manuscrit, & dont il m'a dit plusieurs fois que M. de Voltaire étoit l'Auteur. La chose ne paroîtra douteuse à personne.

Après les Lettres de M. de Voltaire, le Public verra sans doute avec bien du plaisir celles de son illustre Amie. C'est un trésor véritablement précieux pour les Littérateurs. Elles nous entretiennent fidèlement de ce grand Poëte dans les tems les plus agités de sa vie.

Si quelqu'un me blâme d'avoir mis au jour une correspondance destinée à rester secrette, c'est à coup sûr un de ces êtres intéressés à cacher leur turpitude, & qui ne voudroient laisser dans les cœurs d'autres vertus que celles dont leur dissimulation puisse n'avoir jamais rien à craindre. En un mot, ce quelqu'un-là fait une Satyre, & ce n'est pas la mienne.

# LETTRES
DE
## M. DE VOLTAIRE
ET
## DE SA CÉLÈBRE AMIE.

*A Paris, le 29 Août 1733.*

Votre Lettre, Monsieur, pouvoit seule me dédommager de votre charmante conversation. La divine Émilie savoit combien je vous étois attaché, & sait à présent combien je vous regrette ; elle connoît ce que vous valez, & elle mêle ses regrets aux miens. C'est une femme que l'on ne connoît pas. Elle est assurément bien digne de votre estime & de votre amitié. Regardez-moi comme son Secrétaire ; écrivez-lui & écrivez-moi, malgré les amusemens que vous donnent les femmes d'Avignon.

On a déja enlevé à Londres la Traduction Anglaise de mes Lettres. C'est une chose assez plaisante que la Copie paroisse avant l'Original. J'ai heureusement arrêté l'impression du Manuscrit Français, craignant beaucoup plus le Clergé de la Cour de France que l'Église Anglicane.

Vous me demandez l'Épitre à Émilie; mais vous savez bien que c'est à la Divinité même & non à l'un de ses Prêtres qu'il faut vous adresser, & que je ne peux rien faire sans ses ordres. Vous devez croire qu'il est impossible de lui désobéir : vous avez bien raison de dire que vous auriez voulu passer votre vie auprès d'elle. Il est vrai qu'elle aime un peu le monde,

Cette belle ame est d'une étoffe
Qu'elle brode en mille façons,

Son esprit est très philosophe,
Et son cœur aime les pompons.

Mais les pompons & le monde sont de son âge, & son mérite est au-dessus de son âge, de son sexe & du nôtre.

J'avouerai qu'elle est tyrannique;
Il faut, pour lui faire sa cour,
Lui parler de métaphysique,
Quand on voudroit parler d'amour.

Mais moi, qui aime assez la métaphysique, & qui préfère l'amitié d'Émilie à tout le reste, je n'ai aucune peine à me contenir dans mes bornes.

Ovide autrefois fut mon Maître;
C'est à Loke aujourd'hui de l'être.
L'art de penser est consolant,
Quand on renonce à l'art de plaire.
Ce sont deux beaux métiers vraiment,
Mais où je ne profitai guères.

J'aurois du moins fait quelque profit dans l'art de penser entre Émilie &

vous. J'aurois été l'admirateur de tous deux. Je n'aurois jamais été jaloux des préférences que vous méritez. J'aurois dit de sa maison, comme Horace de celle de Mécène:

> Nil mihi officit unquam.
> Ditior hic aut est quia doctior est....
> Cuique suus.

Mais vous allez courir à Avignon; Émilie est toujours à la Cour, & cette divine abeille va porter son miel aux bourdons de Versailles; pour moi, je reste presque toujours dans ma solitude entre la Poësie & la Philosophie.

Je connois fort M. de Caumont de réputation, & c'en est assez pour l'aimer, si je peux me flatter de votre suffrage & du sien.

Sublimi feriam sidera vertice.

Adieu; le papier me manque. Vale.

VOLTAIRE.

*Ce Lundi.*

VOILA une fort mauvaise copie d'Adélaïde; mais je n'en ai pas d'autre. Vous n'aurez pas besoin de mes vers pour vous amuser en chemin. Votre imagination & votre compagne de voyage vous meneroient au bout du monde. Cependant, prenez toujours ce chiffon de Tragédie pour les quarts-d'heure où vous voudrez lire des choses inutiles. Si vous voulez en procurer une lecture au petit *Gnome* correspondant des Savans, vous êtes le maitre. Quand vous serez arrivé à Toulouse, voyez, je vous en prie, mon ami d'Agueberc, Conseiller au Parlement; je le crois au fond digne de vous, quoiqu'il n'ait pas de brillant. Vous lui ferez lire cette Pièce, mais point de copie. Adieu; bon voyage. Mille respects, tendre amitié.

VOLTAIRE.

*A Paris, ce 3 Novembre 1733.*

Vous m'avez écrit, Monsieur, en arrivant, & je me suis bien douté que vous n'auriez pas demeuré huit jours dans ce pays-là, que vous n'écririez plus qu'à vos Maitresses. Je vous fais mon compliment sur le mariage de M. votre frère ; mais j'aimerois encore mieux vous voir sacrer que de lui voir donner la bénédiction nuptiale. On s'est très-souvent repenti du sacrement de mariage & jamais de l'onction épiscopale. Je viens d'écrire à M. de... cette petite guenille :

> Vous suivez donc les étendarts
> De Bellone & de l'Hyménée ;
> Vous vous enrôlez cette année
> Sous Car... & sous Villars.
> Le Doyen des Héros, une Beauté novice,
> Vont vous occuper tour-à-tour,
> Et vous nous apprendrez un jour

Quel est le plus rude service,
Ou de Villars, ou de l'Amour.

Ceci n'est bon que pour votre trinité indulgente. Je vous destinois des vers un peu plus empoulés. C'est une nouvelle édition de la Henriade. J'ai remis entre les mains de M. de Malijac un petit paquet contenant une Henriade pour vous & une pour M. de Caumont. Je vous remercie de tout mon cœur de m'avoir procuré l'honneur & l'agrément de son commerce; mais c'est à lui que je dois à présent m'adresser pour ne pas perdre le vôtre. Il semble que vous ayez voulu vous défaire de moi pour me donner à M. de Caumont, comme on donne sa vieille Maitresse à son ami. Je veux lui plaire, mais je vous ferai toujours des coquetteries. Je ne lui ai pas pu envoyer les *Lettres* en Anglois, parce que je n'en ai qu'un exemplaire, ni en François, parce que je ne veux point être brûlé si tôt. Comment ! M. de Caumont sait aussi l'Anglois ! Vous devriez bien l'apprendre. Vous l'apprendrez sûrement ; car Madame du Châtelet l'a appris en quinze jours. Elle traduit déjà tout courant ; elle n'a eu que cinq leçons d'un Maître *Irlandois*. En vérité, Madame du Châtelet est un prodige, & on est bien neuf à notre Cour.

Voulez-vous des nouvelles ? Le Fort de Kell vient d'être pris. La flotte d'Alicante est en Sicile, & tandis qu'on coupe les deux ailes de l'Aigle Impériale en Italie & en Allemagne, le Roi Stanislas est plus empêché que jamais. Une grande moitié de sa petite armée l'a abandonnée pour aller recevoir une paye plus forte de l'Électeur-Roi.

Cependant le Roi de Prusse se fait faire la cour par tout le monde, & ne se déclare encore pour personne. Les Hollandois veulent être neutres,

& vendre librement leur poivre & leur canelle. Les Anglois voudroient secourir l'Empereur, & ils le feront trop tard. Voilà 'a situation présente de l'Europe; mais à Paris on ne songe point à tout cela. On ne parle que du rossignol que chante Mademoiselle Petit-pas, & du procès qu'a Bernard avec Servandoni pour le payement de ses impertinentes magnificences. Adieu. Quand vous serez las de toute autre chose, souvenez-vous que Voltaire est à vous toute sa vie avec le dévouement le plus tendre & le plus inviolable.

VOLTAIRE.

---

*A Paris, ce 25 Novembre 1733.*

J'INTERROMPS l'agonie pour vous dire que vous êtes une créature charmante. Vous m'avez écrit une Lettre qui me rendroit la santé, si quelque chose pouvoit me guérir.

On dit que vous allez être Prêtre & Grand-Vicaire; voilà bien des sacremens à la fois dans une famille. C'est donc pour cela que vous me dites que vous allez renoncer à l'amour.

Ainsi donc vous vous figurez<br>
Alors que vous possederez<br>
Le triste nom de Grand-Vicaire,<br>
Qu'aussi tôt vous renoncerez<br>
A l'amour, au grand art de plaire.<br>
Ah! tout Prêtre que vous serez,<br>
Seigneur, Seigneur, vous aimerez.<br>
Fussiez-vous Évêque ou Saint Père,<br>
Vous aimerez & vous plairez;<br>
Voilà votre vrai ministère;<br>
Vous aimerez & vous plairez;<br>
Et toujours vous réussirez<br>
Et dans l'Église & dans Cythère.

Vos vers & votre prose sont bien assurément d'un homme qui sait plaire. Je suis si malade que je ne vous en dirai pas davantage, & d'ailleurs que pourrois-je vous dire de mieux, sinon que je vous aime de tout mon cœur?

J'ai envoyé trois Henriades de la nouvelle édition à M. de C...... par M. de Malijac, une par un Monsieur de Sozzi qui demeure à Lyon vis-à-vis de la place de Bellecourt. Je ne lui écris point, & à vous je ne vous écris guères ; car je n'en peux plus. Adieu. Conservez bien votre santé ; il est affreux de l'avoir perdue, & d'aimer le plaisir. *Vale, vale.* Ne parlez pas à Madame du Châtelet de son Anglois ; c'est un secret qu'il faut qu'elle vous apprenne. Adieu. Je vous serai atttaché tout le tems de ma courte & chienne de vie.

VOLTAIRE.

*Nota.* On observera que M. de Voltaire n'avoit pas alors adopté l'orthographe qui substitue *ai* à *oi* dans la terminaison d'une foule de mots.

*Du 12 Février 1764.*
*A M. le Comte de S\*\*\**.

Vous remplissez, Monsieur, le devoir d'un bon parent de Laure, & je vous crois allié de Pétrarque, non-seulement par le goût & par les graces, mais parce que je ne crois point que Pétrarque ait été assez fot pour aimer vingt ans une ingrate. Je suis sûr que vos mémoires vaudront beaucoup mieux que les raisons que vous donnez de m'avoir abandonné si long-tems; vous n'en avez d'autre que votre paresse.

Je suis enchanté que vous ayez pris le parti de la retraite; vous me justifiez par-là, & vous m'encouragez. Si je n'étois pas vieux & presqu'aveugle, Paul viendroit voir Antoine, & je dirois avec Pétrarque:

*Moves'il vecchiarel canuto è bianco*
*Dal dolce loco, ov'hà sua étà fornita,*

E da la famigliuola sbigottita,
Che vede il caro padre venir manco.

J'irois vous voir assurément à la fontaine de Vaucluse. Ce n'est pas que mes vallées ne soient plus vastes & plus belles que celles où a vécu Pétrarque ; mais je soupçonne que vos bords du Rhône sont moins exposés que les miens aux cruels vents du Nord. Le pays de Gex où j'habite, est un vaste jardin entre des montagnes ; mais la grêle & la neige viennent trop souvent fondre sur mon jardin. J'ai fait bâtir un château très-petit, mais très-commode, où je me suis précautionné contre ces ennemis de la Nature ; j'y vis avec une nièce que j'aime. Nous y avons marié Mademoiselle Corneille à un Gentilhomme du voisinage qui demeure avec nous. Je me suis donné une nombreuse famille que la Nature m'avoit refusée, & je jouis enfin d'un bonheur que je n'ai jamais goûté que dans la retraite. Je ne peux laisser la *famiglia sbigottita*. Vous feriez donc fort bien, vous, Monsieur, qui avez de la santé & qui n'êtes point dans la vieillesse, de faire un pélerinage vers notre climat hérétique. Vous ne craindrez point le souffle empesté de Genève. M. le Légat vous chargera d'agnus & de reliques ; vous en trouverez d'ailleurs chez moi, & je vous avertis d'avance que le Pape m'a envoyé, par M. le Duc de C......., un petit morceau de l'habit de S. François, mon bon Patron. Ainsi vous voyez que vous ne risquez rien à faire le voyage. D'ailleurs, la Ville de Calvin est remplie de Philosophes, & je ne crois pas qu'on en puisse dire autant de la Ville de la Reine Jeanne.

Il y a long-tems que je n'ai été à ma petite campagne des délices ; je donne la préférence au petit château que j'ai bâti, & je l'aimerai bien davantage, si jamais vous daignez prendre une célulle dans ce couvent; vous m'y verrez cultiver les lettres & les arbres, rimer & planter.

J'oubliois de vous dire que nous avons chez nous un Jésuite qui nous dit la Messe. C'est une espèce d'Hébreu que j'ai recueilli dans la transmigration de Babilone; il n'est point du tout gênant, *non tanta superbia victis*, il joue très-bien aux échecs; enfin, c'est un Jésuite dont un Philosophe s'accommoderoit. Pourquoi faut-il que nous soyons si loin l'un de l'autre, en demeurant sur le même fleuve?

Je suis bien aise que Messieurs d'Avignon sachent que c'est moi qui leur envoye le Rhône. Il sort du lac de Genève sous mes fenêtres aux Délices. Il ne tient qu'à vous de venir voir sa source. Vous combleriez de plaisir votre vieux serviteur, qui ne peut vous écrire de sa main, mais qui vous sera toujours tendrement attaché.

VOLTAIRE.

*Au château de Ferney,*
  *par Genève.*

---

*Du 26 Désembre 1764, au château de*
*Ferney.*
*Au même.*

Vous avez écrit à un aveugle, Monsieur, & j'espère que je ne serai que borgne quand j'aurai l'honneur de vous revoir. Soyez sûr que je vous verrai de très-bon œil, s'il m'en reste un. Les neiges du mont Jura & des Alpes m'ont donné d'abominables fluxions, que votre présence guérira. Mais serez-vous en effet assez bon pour venir habiter une petite cellule de mon petit couvent? Il me semble que Dieu a daigné me pétrir d'un petit morceau de la pâte dont il vous a façonné. Nous aimons tous deux la campagne & les lettres; embarquez-vous sur notre fleuve; je vous recevrai à la descente du bateau, & je dirai : *Benedictus qui venit in nomine Apollinis.*

Je n'ai point encore entendu parler de votre second tome; mais quand il viendra, je ne sais comment faire pour le lire. Il y a trois mois que je suis obligé de me servir des yeux d'autrui. Jugez s'il y a quelqu'apparence au beau conte qu'on vous a fait, que j'avois mis quelques observations dans la Gazette littéraire. Je ne lis, depuis longtems, aucune Gazette, pas même l'ecclésiastique.

Il est juste que vous ayez beaucoup de Jésuites dans Avignon, & ils n'ont rien à craindre en terres papales. Les Parlemens ont fait du mal à l'Ordre, mais du bien aux particuliers. Ils ne sont heureux que depuis qu'ils sont chassés. Mon Jésuite Adam étoit mal couché, mal vêtu, mal nourri; il n'avoit pas un sou, & toute sa perspective étoit la vie éternelle. Il a chez moi une vie temporelle assez agréable. Peut-être que dans un an il n'y aura pas un seul de ces pauvres gens qui voulût retourner dans leurs Colléges, s'ils étoient ouverts. Du reste, nous ignorons, Dieu merci, tout ce qui se passe dans le monde, & nous nous trouvons fort bien de notre ignorance. Le meilleur parti qu'on puisse prendre avec les hommes, c'est d'être loin d'eux, pourvu qu'on soit avec un homme comme vous. Mon indifférence pour le reste du genre humain augmentera quand je jouirai du bonheur que vous me faites espérer. Je prends la liberté d'embrasser de tout mon cœur le parent de Laure, & l'Historien de Pétrarque qui est de meilleure compagnie que son Héros.

VOLTAIRE.

*Du 23 Janvier 1765.*
*Au même.*

LE second volume *m'est arrivé*, Monsieur ; je vous en remercie de tout mon cœur : mais M. Fréron vous doit encore plus de remerciemens que moi. Il doit être bien glorieux ; vous l'avez cité. . . . . . . . . . . (1). Mais comme je suis plus instruit que lui de ce qui me regarde, je peux vous assurer que je n'ai pas seulement lu cet extrait de Pétrarque dont vous me parlez. Il faut que ce Fréron soit un bon Chrétien, puisqu'il a tant de crédit en terres papales. Vous m'avez traité comme un excommunié. Si la seconde édition de l'Histoire générale étoit tombée entre vos mains, vous auriez vu mes remords & ma pénitence d'avoir pris la rime quartenaire pour des vers

---

(1) Voyez la troisième Lettre du tome V de l'année littéraire de 1764.

blans. Ces rimes de quatre en quatre n'avoient pas d'abord frappé mon oreille, qui n'est point accoutumée à cette espèce d'harmonie. Je prends d'ailleurs actuellement peu d'intérêt aux vers, soit anciens, soit modernes. Je suis vieux, foible, malade.

*Nunc itaque & versus & cætera ludicra pono.*

Je n'en dis pas de même de votre amitié, & de l'envie de vous voir : ce sont deux choses pour lesquelles je me sens toute la vivacité de la jeunesse.

J'ai l'honneur d'être, Monsieur, du meilleur de mon cœur & sans cérémonie, votre très-humble & très-obéissant serviteur,

VOLTAIRE.

*Au château de Ferney.*

# LETTRE

De M. l'Abbé Berb...., Chanoine de...., à Paris, au même.

MONSIEUR,

J'AI reçu avec bien du plaisir & de la reconnoissance l'exemplaire dont vous avez bien voulu m'honorer. Je n'aurois pas tant tardé à vous en faire mes remerciemens, sans les différentes affaires dont je suis accablé depuis un an. Votre Ouvrage a fait la plus forte sensation dans la grande Capitale; tous les gens de lettres l'ont lu avec un plaisir infini. A peine eût-il paru, que je n'oubliai pas de lui faire rendre l'hommage qui lui étoit dû par M. Fréron & M. Querlon, qui attendent avec impatience les autres volumes. Je partage en quelque façon une portion des lauriers dont les Muses couvrent votre tête, par l'intérêt que je prends à tout ce qui vous regarde. J'ai vu aussi dans le tems M. l'Abbé Arnaud, qui me communiqua la critique de l'Homere des Alpes. Je l'engageai à ne point la faire paroître, ou qu'il la modifiât, *s'il y étoit contraint par les ordres de la Cour.* C'est ce qu'il a fait, comme vous avez dû voir dans la Gazette littéraire. Il faut avouer que cet habitant des Alpes est bien de mauvaise humeur ; il m'a toujours paru qu'il voudroit en mourant que tout le monde littéraire expirât avec lui. Je m'entretins dernièrement chez le Prince Colonne avec M. Froncel, qui avoit été nommé pour être le Censeur de votre Ouvrage. Il est si engoué de votre Ouvrage, qu'il donneroit toute sa bibliothèque & tout ce qu'il possède au monde pour en avoir fait seulement le premier volume..... &c.

―――――――――

*Nota* C'est ainsi que M. de Voltaire nie sans façon à son ami, qu'il ait mis quelques obser-

# FRAGMENT

*D'une Lettre de M. de S.... à M. de Voltaire ; laquelle sert à entendre certains endroits des Lettres précédentes & de celles qui suivent.*

...... Nous prenons fort peu d'intérêt aux événemens de la guerre d'Italie, & j'avoue pour moi qu'une de vos Lettres me fait plus de plaisir que la nouvelle de la prise du château de Milan. M. de Caumont pense à-peu-près de même. Il est fort engoué de vous. L'empressement que vous lui témoignez excite ma jalousie. Je céde à la démangeaison de vous crayonner l'homme pour qui vous me faites infidélité.

Sa figure est celle d'un gnôme;

---

vations dans la Gazette littéraire, & il employe pour les y faire insérer *les ordres de la Cour*. Voyez la Gazette littéraire de l'Europe, page 392.

Il écrit à tous les Savans,
Ceux de Paris & ceux de Rome.
Il amasse à grands frais d'antiques monumens;
De discours pesans il m'assomme.
Il mange & dort; voilà votre homme &c.

---

*Les Vers suivans attribués à Moncrif, n'ont guères que le mérite d'avoir occasionné ceux de M. de Voltaire & de servir à leur intelligence.*

### Vers de MONCRIF.

La fleur des enfans du Parnasse
Est arrivée en ces quartiers;
Mais la cabale envain pourchasse
Un jeune front ceint de lauriers.

Les Généraux de cette armée
S'empressent à qui l'héberger.
Il est, grace à la renommée,
Mille Admètes pour ce Berger.

Te voici donc, Seigneur Voltaire:
Ma foi, tu sois le bien venu;
Mais qu'il soit dit, sans te déplaire,
Que ton dessein nous est connu.

*Pour*

Pour te faciliter l'histoire
De chacun de nos Généraux ,
Un Soldat que l'on en peut croire ,
Fait leur portrait en peu de mots.

☙

C'est d'Asfeld , Maréchal de France,
Qui succède au feu Général ;
Le seul royaume de Valence
A droit de lui vouloir du mal.

☙

Vigilant , froid , infatigable,
Habile, bon Ingénieur ,
Aux ennemis insupportable ,
Dans le combat mauvais railleur.

☙

Tingri que le Soldat adore ,
Est aussi devant Philisbourg.
Rien que de grand ne peut éclore
De la race de Luxembourg.

☙

Le nouveau Chevalier de l'Ordre,
Sur qui , malgré tant de Rivaux ,
L'envie encore n'a pu mordre,
En mérite a bien peu d'égaux.

☙

B

Tu t'attends que je te le nomme;
Mais non je ne le ferai pas,
Devine. Eh bien ! là c'est cet homme,
Qui sort de tous les embarras.

C'est ce Dragon, ce Capitaine,
Dont Traubac a subi les loix,
Et qui fait dans une semaine
Ce que d'autres font en un mois.

Jadis favori de ton Roi,
Clermont, toujours digne de l'être;
Ta valeur fait parler de toi
Plus que le sang qui te fit naître.

Conti n'attend pas quatre lustres
Pour faire trembler les Germains,
Sang des Rois, dont les moins illustres
Sont faits pour régir les humains.

Tant d'autres enfin dont l'histoire
Honorera leurs descendans,
Et dont les noms à ma mémoire
Se refusent à contre-tems.

Tu veux encor savoir peut-être
Combien nous avons de Soldats.
Autant que d'hommes, mon cher Maître.
Quoique Gascon, je ne mens pas.

Mais encor, qui peut faire vivre
Ce nombre infini de Guerriers?
Garde-lui place dans ton livre;
Car il mérite des lauriers.

C'est l'un de ces frères uniques
Qui quatre jadis n'ont fait qu'un,
Bons Financiers, bons Politiques,
Pensant au-dessus du commun.

Consultés par les plus grands Princes
Dans des tems remplis d'embarras,
Et qui régiroient cent provinces
Sûrs de ne point faire un faux pas.

Mais tout Paris, dis-tu, demande :
Que fait donc Noailles là-bas ?
Tout ce qu'il faut qu'on en attende;
Il soupire après les combats.

Il veille, il travaille sans cesse;
Homme de tête, homme de main,
Tous les jours il entend la Messe,
Et jeûne comme un Capucin.

❧

En un mot, voici la justice
Que lui rend le Camp tout entier.
Minerve en a fait son Ulysse,
Mars en a fait son Grenadier.

---

*VERS sur le même sujet & relatifs aux précédens; par M. de Voltaire.*

## LES HÉROS DU RHIN.

*A M. le Duc de la Trimouille.*

JE suis trop bon François, Seigneur,
Pour voir sans honte & sans aigreur
Cette impertinente écriture;
Dans tout Paris on en murmure.
Oh Ciel! quelle pesante main
Barbouille nos Héros du Rhin!
Un sot éloge est une injure
A punir comme un trait malin.

Eh! Monsieur de l'Académie,
Laissez les chansons aux grivois,
Ou prenez leur ton, je vous prie,
Moins bas & plus uni cent fois,
Mangez chez le Munitionnaire,
S'il est homme assez débonnaire
Pour vous admettre à ses repas.
Mais ce riche a fait des ingrats;
Il voudra bien encore en faire.
Croyez-moi donc, ne payez pas
En méchans vers sa bonne chère.
Quelle lâche indiscrétion
Vous porte à rouvrir nos blessures
Et du Visé les déchirures ?
Peignez - vous par aversion
Nos ruineuses aventures ?
Malgré la bonne intention,
Vous demandez : Que fait Noailles
Là-bas ? que fera-t-il demain ?
Votre pinceau l'habille enfin,
Non pas d'une cotte de maille,
Ou d'un casque de Duguesclin,
Mais du manteau d'un Capucin.
Louons son esprit, sa vaillance;
C'est l'homme de tous les talens.
Laissons au Moine noir ou blanc
Les secrets de sa conscience.

Pour ce Seigneur, en vérité,
C'est une œuvre bien méritoire
De vous pardonner le grimoire
Où vous l'avez si bien traité.
Revendiquez votre partage
Au tems avoué de Phœbus ;
Chantez les siéges, les blocus,
Chefs & Soldats dont le courage
Épargne la honte aux vaincus ;
Tracez, mais d'une main hardie,
L'Anglois qui chez nous accueilli
Y retrouve une autre patrie.
Celui dont la mort & la vie
Ne craignent ni le prompt oubli,
Ni le fade éloge avili
Par la bavarde Confrairie.
Berwick joignit au plus grand cœur
La sagesse la plus profonde ;
Il fut le modèle & l'auteur
D'une race en Héros féconde ;
Entre ses fils au champ de Mars,
Il meurt, & son sang les inonde.
Que de gloire ! que de grandeur !
Est-ce mourir, ou de ce monde
Sortir en vrai triomphateur ?
Donnons sa place & sa puissance
Au Marcius de notre France,

A ce d'Asfeld laborieux
Qui ne doit rien à sa naissance.
Il se montre seul à mes yeux,
Et que m'importent ses ayeux ?
Quelle race ne sera fière
De commencer par un tel père !
Muses, peignez de traits de feu
Celui dont il ne faut rien dire,
Plutôt que de le louer peu.
L'Apprentif qui l'ose décrire,
Ne voit en lui qu'un Cordon bleu.
J'y vois le vainqueur de l'envie,
Qui, par la force & le génie,
Mit la fortune à la raison,
Qui des débris de sa maison
Fit les fondemens de sa gloire,
Aux grands projets donna l'essor,
Et des ailes à la Victoire,
Et la trouvoit trop lente encor.
Cet infatigable Belleisle
A ses côtés vole au combat.
Ce frère, son élève agile,
Jeune homme encore & vieux Soldat,
Mes chers voisins de la Bastille :
Car je vous y vis tous les deux ;
A votre nom mon sang pétille ;
Je respire à vous voir heureux ;

Et vous, augustes Volontaires,
Clermont, Conti, Princes charmans,
De la France vrais ornemens,
Dignes héritiers de vos pères,
Ah! faut-il qu'un grossier encens
Enfume vos lauriers naissans.
Du Soldat qui vous envisage
Goûtez les applaudissemens.
Germanicus sut à votre âge
Préférer ce naïf hommage
Au plus fastueux compliment.
Clermont a su franchir l'obstacle
Qu'on opposoit à son ardeur;
De tous les Condés son grand cœur
Réunit en lui le spectacle.
Tu nous rendras, jeune Conti,
Ce Héros chanté sur le Pinde,
Que Fleurus, Stinkerque & Nervinde
Ont vu valoir seul un parti,
Ton digne ayeul, dont le Sarmate
A genoux eût reçu des loix,
Si cette république ingrate
Méritoit d'avoir de bons Rois.
Ah! puissai-je avoir une voix
Egale au zèle qui me flatte,
Pour chanter un jour tes exploits.
Je souhaite aux Dieux de la terre,

A nos Princes succès en guerre,
Plaisir en paix, bon Trésorier,
Sultanne fringante & jolie,
Fidelle & toujours applaudie,
Un brave & galant Ecuyer,
Mais sur-tout un bon Secrétaire,
Du mérite & du caractère,
De celui que Vendôme avoit;
Le succès l'avoit fait connoître.
Campistron pensoit, écrivoit
De l'air dont se battoit son Maître.
Princes, vos bontés sont d'un prix
A n'en pas profaner l'usage.
Phœbus garde cet avantage
A ses plus dignes favoris.
Horace soupoit chez Mécène,
Virgile avec lui n'étoit qu'un ;
Mais Bavius mangeoit à peine
A la gamelle du commun.

# ÉPIGRAMME

*De Voltaire, contre F\*\*.*

Quand nous verrons dans les campagnes
Un aigle à l'œil superbe élancé des montagnes,
Planer vers le soleil & fuir loin de nos yeux,
Nous croirons voir Corneille en son vol orgueil-
    leux;
Mais lorsqu'en un boccage, où les roses fleuris-
    sent,
Nous verrons la chenille errer dans un buisson,
Et flétrir en rampant les fleurs qui la nourrissent,
Il faudra, malgré nous, reconnoître F\*\*.

---

*Du 6 Septembre.*

Depuis que j'ai reçu votre Lettre, Monsieur, j'ai éprouvé un des malheurs attachés à l'état de mère. J'ai perdu le plus jeune de mes fils. J'en ai été plus fâchée que je ne l'aurois cru, & j'ai senti que les sentimens de la nature exiſtoient en nous, ſans que nous nous nous en doutaſſions. Sa maladie m'a fort occupée.... Je me ſuis miſe dans les mathématiques depuis que la poëſie m'a abandonnée. J'apprends la géométrie & l'algèbre par un Maître que vous connoiſſez, & qui en écarte toutes les épines. Il me quitte pour aller philoſopher à Baſle avec M. Bernouilly; & moi, je vais arranger mon château de Cirey aulieu d'aller à Fontainebleau, & préparer ces lieux pour vous y recevoir un jour.... On a joué une petite pièce de Fagan appellée la Pupille, qui eſt ce que j'ai vu de plus joli depuis long-tems en comique; deux Comédies de Piron qui ſont tombées, & l'Opéra d'Atis que la belle voix de Mademoiſelle le Maure ne peut empêcher d'être fort ennuyant. On parle du retour de nos Guerriers. Celui de M. de Voltaire ne s'approche point. On négocie toujours, mais ſans ſuccès. On n'en eſt encore qu'aux préliminaires. Cette affaire eſt plus difficile que la paix générale, & m'intéreſſe bien autant. J'ai perdu ces jours-ci un nommé Mézieres que vous avez vu chez moi ; j'en ſuis fort fâchée. Il eſt affreux de voir mourir les gens avec leſquels on a vécu. Cela dégoûte de la vie; mais ſi on pouvoit la paſſer avec vous, on ſeroit trop heureux.

―――――――――

*A Paris, ce* 3 *Avril* 1735.

. . . . . . . Voltaire eſt enfin arrivé ; je crois ſon affaire terminée. Si ſa ſanté n'eſt pas bonne, le plaiſir de revoir ſes amis lui fera, je crois, grand bien. Nous vous regrettons enſemble. Il vous eſt tendrement attaché. S'il ſavoit que je vous écris, il joindroit les marques de ſon attachement aux aſſurances de la tendre amitié qui m'attache à vous pour ma vie.

*Du 3 Janvier 1736.*

«. . . . . . Je vis avec un homme pour qui je vous ai vu de l'amitié, & qui la mérite par son attachement pour vous. Vous devez à cela reconnoître V\*\*\*. On va jouer une Tragédie qu'il a faite depuis que vous étiez aux Limbes. Le Franc est cause qu'il l'a donnée, & il a valu cela au Public par le mauvais procédé qu'il avoit eu de voler son sujet, dont on lui avoit rendu compte. Nous allons jouer dans notre petite *république de Cirey* une Comédie qu'il a faite pour nous, & qui ne le sera que par nous.... Voltaire fait l'Histoire de Louis XIV; & moi, je *newtonise* tant bien que mal. Je ne sais si vous avez ouï parler du voyage de Maupertuis & de Clairaut au Pôle. Ils iront de la part de l'Académie. Vous avez sans doute les observations périodiques de l'Abbé des Fontaines. Ce Pirate de la littérature m'ôte le plaisir de vous envoyer une Lettre en vers de Voltaire au Marquis (1) *Argalotty*, jeune Vénitien, qui vouloit être du voyage au Pôle, uniquement par cette soif insatiable de voir & de connoître qui caractérise les gens de génie. Il mérite cette épithète à l'âge de vingt deux ans. Il a passé six semaines ici cet Automne. Il a mis les sublimes découvertes de M. Newton sur la lumière en dialogues, qui peuvent (au moins) faire le pendant de ceux de Fontenelle. Mais vous êtes peut-être curieux de savoir pourquoi l'Abbé des Fontaines m'empêche de vous envoyer cette Lettre ; c'est parce qu'il l'a imprimée. Je ne sais trop comment il a fait pour l'avoir, & nous en sommes tous fort fâchés.

―――――――――――――

(1) C'est *Algarotti*. La faute est dans l'Original.

*A Bruxelles*, le 24..... 1740.

........ J'y ai essuyé les deux seuls malheurs dont mon cœur fut susceptible ; celui d'avoir à me plaindre d'une personne pour qui j'ai tout quitté, & sans qui l'Univers, si vous n'y étiez pas, ne seroit rien à mes yeux, & celui d'être soupçonnée par mes meilleurs amis même d'une action qui doit me rendre l'objet de leur mépris. Votre amitié est la seule consolation qui me reste ; mais il faudroit en jouir de cette amitié, & je suis à trois cent lieues de vous. Mon cœur n'est à son aise qu'avec vous ; vous seul l'entendez, & ce que les autres regardent en pitié, comme une espèce de déraison, vous paroît un sentiment, qui l'est dans votre nature, s'il n'est pas dans la Nature. Je ne sais pourquoi je vous ai avoué ce que je vous ai dit à Fontainebleau. Ne cherchez point de raison à une chose dont je ne connois pas bien la raison moi-même. Je vous l'ai dit parce que c'est la vérité, & que je crois vous devoir compte de tout ce que mon cœur a senti. Aucune réflexion n'a produit cet aveu, & toute réflexion l'auroit empêché. Je me le reprocherois & je m'en repentirois, si je ne croyois être sûre de votre caractère. C'est cette même certitude qui me fait me livrer sans crainte & sans remords à tous les mouvemens de mon cœur pour vous. Sans doute, le sentiment que j'ai pour vous doit être incompréhensible pour tout autre; mais il n'ôte rien à la passion effrénée qui fait actuellement mon malheur. On auroit beau me dire: Cela est impossible ; j'ai une bonne réponse : *Cela est*, & cela sera toute ma vie, quand même vous ne le voudriez pas.... On me mande de Paris que mon Livre réussit. Il ne me manque que de pouvoir voir sentir son succès.

*Du 3 Février.*

⁓...... M. de Voltaire travaille à l'Histoire des Campagnes du Roi; j'aurai soin de vous les envoyer.

*A Paris, ce 10 Avril 1743.*

⁓...... Vous savez le résultat de notre affaire de l'Académie ; ni votre Archevêque, ni vous, ni nous, ne sommes contens. Je vous avoue cependant qu'il est bien plaisant de voir remplir une place destinée à M. de V***, par M. de B***. Celle de l'Abbé B** est donnée à son neveu : ce qui n'est guères moins ridicule. Nous ne voulons plus y penser que la Cour d'elle-même ne pense à nous. Ne croyez pas que nous nous soyons mal conduits. Qui n'entend qu'une partie n'entend rien, & M. de Richelieu ne hait pas à condamner ſes amis. Votre Archevêque ne doit point être fâché contre vous ; car M. de Mirepoix s'étoit chargé de lui mander le déſiſtement, & de plus nous eſpérions prendre la place par famine, &c.

―――――

*A Paris, ce 28 Juin 1743.*

...... Imaginez-vous que M. de Voltaire très-mécontent déjà de tout ce qui s'étoit paſſé au ſujet de l'Académie, a été ſi révolté du refus que l'on fait de laiſſer jouer la Tragédie de Jules Céſar, qu'il s'en eſt allé en Hollande, d'où il ira vraiſemblablement en Pruſſe, qui eſt tout ce que je crains : car le Roi de Pruſſe eſt un rival très-dangereux pour moi. Je ſuis dans la plus grande affliction, & quoique je ſente qu'il a bien quelque tort, puiſqu'à ſa place je ne me ſerois pas ſûrement en allé

Cependant, ce que je sens le plus, c'est ma douleur; je suis resté ici dans l'espérance de faire jouer César & de hâter son retour; je doute que j'y parvienne, & en ce cas j'irai à la fin de Juillet à Bruxelles, où il m'a promis de me venir trouver. Voilà mon état & mes marches, &c.

---

*A Montjeu, ce 12 Mai.*

Vous savez que mon amitié pour vous, Monsieur, me fait compter sur la vôtre, comme sur ma plus grande consolation dans mes malheurs. Je viens d'éprouver le plus affreux de tous. Mon ami Voltaire, pour qui vous connoissez mes sentimens, est vraisemblablement au château d'Ossone, auprès de Dijon. Il nous avoit quitté, il y avoit plusieurs jours, pour aller prendre les eaux de Plombieres, dont sa santé a besoin depuis long-tems, quand un Homme de M. de la Briffe, Intendant de Bourgogne, m'a apporté une Lettre de cachet qui lui ordonne de se rendre audit Ossone jusqu'à nouvel ordre. On a mandé qu'il étoit à Plombieres; je ne doute pas qu'il ne reçoive incessamment les ordres du Roi, & qu'il ne lui obéisse. Il n'y a pas d'autre parti à prendre, quand on ne peut les éviter. Je ne crois pas qu'il puisse être averti avant de les recevoir. Il m'est impossible de vous dépeindre ma douleur; je ne me sens pas assez de courage pour savoir mon meilleur ami avec une santé affreuse dans une prison, où il mourra sûrement de douleur, s'il ne meurt pas de maladie. Je ne pourrai ni recevoir de ses nouvelles, ni lui en donner des miennes sous la puissance d'un pareil Ministre. C'est bien dans une circonstance aussi affligeante que votre présence seroit nécessaire à ma consolation; je ne connois que vous avec qui je puisse pleurer le malheur de mon ami. Il me semble qu'il m'a encore plus attaché à lui. Je ne croyois pas que l'amitié pût caufer une douleur fi fenfible. Vous qui la connoiffez, repréfentez-vous mon état. Hélas! dans quelles circonftances ai-je reçu votre Lettre! Vous enviez le bonheur que je goûte dans une fociété auffi pleine de charmes ; vous avez bien raifon, fi cela avoit duré. J'ai paffé dix jours ici entre lui & Madame de Richelieu ; je ne crois pas en avoir jamais paffé de plus agréables; je l'ai perdu dans le tems où je fentois le plus le bonheur de le poffeder, & comment l'ai-je perdu ! S'il étoit en Angleterre, je ferois moins à plaindre. J'aime affez mes amis pour eux-mêmes. Sa fociété feroit le bonheur de ma vie; fa fûreté en feroit la tranquillité. Mais le favoir, avec la fanté & l'imagination qu'il a, dans une prifon, je vous le dis encore, je ne me connois pas affez de conftance pour foutenir cette idée. Madame de Richelieu fait ma feule confolation. C'eft une femme charmante; fon cœur eft capable d'amitié & de reconnoissance. Elle est, s'il est possible, plus affligée que moi ; elle lui doit son mariage, le bonheur de sa vie. Nous nous affligeons & nous nous consolons ensemble. Mais que lui servent nos pleurs & nos regrets ? Je ne vois nulle espérance. M. Chauvelin est inflexible, & je suis inconsolable ; je ne réparerai jamais la perte d'un tel ami. La coquetterie, le dépit, tout nous console de la perte d'un amant; mais le tems qui guérit toutes les playes, ne fera qu'envenimer la mienne. Il m'est impossible de vous parler d'autre chose. . . . . . . . . Je serai obligée de m'en retourner incessamment à Paris; je crains ce moment comme celui de ma mort. Il me séparera de Madame de Richelieu qui n'y retournera pas sitôt, & me mettra à portée d'entendre à tous momens des propos qui me désespéreront ; je vais devenir bien misantrope. Je voudrois être à Caderousse avec vous, puisque je ne puis pas être à

Offone. On est bien malheureux de devoir tous ses malheurs à la sensibilité de son cœur, sans laquelle il n'y a point de plaisir. Je vous demande pardon de vous accabler de ma douleur; mais c'est le seul inconvénient de l'amitié & de la confiance. J'irai incessamment dans mon château. Les hommes me deviennent insupportables; ils sont si faux, si injustes, si *plains* de préjugés, si tyranniques. Il faut mieux vivre seul ou avec des gens qui pensent comme vous. On passe sa vie avec des vipères envieuses, c'est bien la peine de vivre & d'être jeune. Je voudrois avoir cinquante ans & être dans une campagne avec mon malheureux ami, Madame de Richelieu & vous. Hélas! on passe sa vie à faire le projet d'être heureux, & on ne l'exécute jamais. Adieu, Monsieur. Je sens que ma douleur diminue à mesure que je vous écris; mais je ne veux point abuser de votre amitié.

*A Paris, ce 23 Novembre.*

J'AI été cruellement payée de tout ce que j'ai fait à Fontainebleau; j'ai ramené à bien l'affaire du monde la plus difficile. Je procure à M. de Voltaire un retour honorable dans sa patrie; je lui rends la bienveillance du Ministère; je lui r'ouvre le chemin des Académies; enfin, je lui rends en trois semaines tout ce qu'il avoit pris à tâche de perdre depuis six ans. Savez-vous comment il récompense tant de zèle & tant d'attachement? En partant pour Berlin, il m'en mande la nouvelle avec sécheresse, sachant bien qu'il me percera le cœur, & il m'abandonne à une douleur qui n'a point d'exemple; dont les autres n'ont pas d'idée & que votre cœur seul peut comprendre. Je me suis échauffé le sang à veiller; j'avois la poitrine en mauvais état; la fièvre m'a pris, & j'espère j'espère finir bientôt, comme cette malheureuse Madame de Richelieu, à cela près que je finirai plus vîte, & que je n'aurai rien à regretter, puisque votre amitié étoit un bien dont je ne pouvois jamais jouir. Je retourne finir à Bruxelles une vie où j'ai eu plus de bonheur que de malheur, & qui finit d'elle-même dans le tems où je ne pouvois plus la supporter. Croirez-vous que l'idée qui m'occupe le plus dans ces momens funestes, c'est la douleur affreuse où sera Monsieur de Voltaire, quand l'enivrement où il est de la Cour de Prusse sera diminué; je ne puis soutenir l'idée que mon souvenir fera un jour son tourment. Tous ceux qui m'ont aimé ne doivent jamais le lui reprocher. Au nom de la pitié & de l'amitié, écrivez-moi à Bruxelles tout simplement; je recevrai encore votre Lettre, & s'il me reste encore de la vie, j'y répondrai & vous manderai l'assiète de mon ame dans ces momens qui paroissent si terribles aux malheureux & que j'attends avec joie comme la fin d'un malheur que je n'avois ni mérité, ni prévu. Adieu. Souvenez-vous toujours de moi, & soyez sûr que vous n'aurez jamais de meilleure amie.

---

Cette femme célèbre a peu survécu à cette Lettre : elle est morte en Août 1749, à Lunéville.

---

*Sans date.*

LA conversation que je viens d'avoir avec vous, me prouve que l'homme n'est pas libre. Je n'aurois jamais dû vous dire ce que je vous ai avoué; mais je n'ai pu me refuser la douceur de vous faire voir que je vous ai toujours rendu justice, & que j'ai toujours senti tout ce que vous valez. L'amitié d'un cœur comme le vôtre me paroît le plus beau présent du Ciel, & je ne me consolerois jamais si je n'étois sûre que vous ne pouvez, malgré toutes vos résolutions, vous empêcher d'en avoir pour moi. Au milieu du sentiment vif qui emporte mon ame, & qui fait disparoître le reste à mes yeux, je sens que vous êtes une exception à cet abandonnement de moi-même & de tout autre attachement. J'ai tout quitté pour vivre avec la seule personne qui ait jamais pu remplir mon cœur & mon esprit ; mais je quitterois tout dans l'Univers, *or elle*, pour jouir avec vous des douceurs de l'amitié. Ces deux sentimens ne sont point incompatibles, puisque mon cœur les rassemble sans avoir de reproches à se faire. Je n'ai jamais eu de véritable passion que pour ce qui fait actuellement le charme & le tourment de ma vie, mon bien & mon mal ; mais je n'ai jamais eu de véritable amitié que pour Madame de Richelieu & pour vous. J'ai conservé ce sentiment si cher à mon cœur au milieu de la plus grande ivresse & je le conserverai toute ma vie. La seule chose qui y mêle de l'amertume, c'est que vous ayez pu me croire capable d'une indignité qui a dû exciter dans votre cœur l'indignation & le mépris. Il est affreux qu'il y ait eu des tems dans votre vie où vous avez eu ces sentimens pour moi. Rougissez donc de votre injustice, & voyez combien un cœur comme le mien est incapable de perfidie. Elle n'est pas dans ma nature, & je suis de plus incapable d'avoir jamais cru une telle horreur de vous, si on avoit osé vous en accuser. Un cœur capable d'un amour si tendre & d'une amitié si solide, ne peut l'être d'un crime, & c'en seroit un que les honnêtes gens ne devroient jamais pardonner. Vous devez juger combien ces idées cruelles m'occupent, puisque je n'ai pu m'empêcher de vous en parler au milieu de l'attendrissement que votre départ a mis dans mon ame. Je suis heureuse de vous avoir revu, quoique je ne doive plus vous revoir; je suis même heureuse par l'indiscrétion que j'ai fait, puisqu'elle vous a fait connoître mon cœur; mais je serai bien malheureuse, si vous ne me conservez pas votre amitié, & si vous ne m'en continuez pas les marques. Vous me feriez repentir de la vérité avec laquelle je vous ai parlé, & mon cœur ne veut point connoître le repentir. Il ne lui manque qu'un ami comme vous, pour être aussi heureux que la condition humaine le comporte. Voudrez-vous mêler de l'amertume à mes plus beaux jours ? Songez que vous avez à réparer avec moi, & que vous ne pouvez trop faire pour me consoler d'avoir été soupçonnée d'un crime par celui dans le cœur duquel j'aurois cru trouver ma justification. Adieu. Il n'y aura de bonheur parfait pour moi dans le monde que quand je pourrai réunir le plaisir de vivre avec vous, & celui d'aimer celui à qui j'ai consacré ma vie.

*Du 17 Février.*

JE ne connois point de problême plus difficile à résoudre que vous. Quoi qu'il en soit, j'ai pris mon parti de vous aimer & de vous le dire. Je ne sais ce que me pourront valoir mes bons procédés, puisque je n'en suis pas moins privée de votre commerce. Vous m'écrivez comme à votre ennemi; mais j'aime encore mieux vos Lettres, toutes singulières qu'elles sont, que votre silence. Quand j'ai voulu vous envoyer la Philosophie de Newton, je n'ai pas douté que vous ne l'eussiez, quand même personne ne l'auroit dans votre Ville; mais je ne voulois pas que vous tinssiez d'un autre que de moi un Livre qui m'est dédié; & d'ailleurs, celui que je vous envoie est une seconde édition, beaucoup plus correcte que la première. Je sais qu'on peut faire beaucoup de critiques de ce

Livre; mais avec tout cela, il n'y en a point de meilleur en François sur ces matières: car, hors les Mémoires de l'Académie des Sciences, il n'y a que des Livres de Physique pitoyables.

Les Dialogues d'*Argalotti* sont pleins d'esprit & de connoissance. Il en a fait une partie ici, & ce sont eux qui ont été l'occasion du Livre de M. de V\*\*\*. Je vous avoue cependant que je n'aime pas ce style là en matière de Philosophie, & l'amour d'un Amant qui décroit en raison du quarré des tems & du cube de la distance, me paroît difficile à digérer; mais en tout, c'est l'ouvrage d'un homme de beaucoup d'esprit & qui est maître de sa matière. L'Épitre à Fontenelle n'a pas réussi. *Il Neutonianismo per le Dame*, dédié à M. de Fontenelle a paru fort singulier: car ce n'est ni comme femme, ni comme Newtonien, qu'il a eu cet hommage. Il n'est pas plus l'un que l'autre. Il faut donc que ce soit comme mauvais plaisant. Vous ne savez pas que c'est mon portrait qui est à la tête : du moins ça été l'intention. Mais il n'a pas trop bien réussi. On le traduit ; c'est M. de Castera qui fait cette besogne. Je ne sais si on parlera davantage de la Traduction que de l'Ouvrage : car *le Dame* savent peu d'Italien & encore moins de Philosophie. On ne sait où est l'Auteur ; s'il est à Toulouse, je vous en félicite. C'est un des hommes que j'aye jamais connus, le plus aimable, le plus instruit & le plus doux à vivre. J'espère qu'il vous dira du bien de moi, & je vous prie de ne pas lui en dire de mal, si vous vous intéressez encore un peu à moi. Je vous conterai une petite anecdote littéraire qui me regarde ; mais cette Lettre a déjà près de quatre pages, j'ai peur qu'elle ne vous empêche de me répondre : je vous plains ; mais si vous connoissez encore l'amitié, vous ne pouvez être à plaindre. Mais serez-vous toute votre vie à Toulouse ? Adieu.

M. de Voltaire est ici. Mais crainte que vous ne me soupçonniez, il y a plus de trois ans que je ne lui ai prononcé votre nom. Il ignore que je vous écris. Adieu. Je vous demande pardon de la longueur de cette Lettre.

───────────

*Sans date.*

MALGRÉ les princesses & les pompons, je pense sérieusement sur la fortune de mes amis........ Je me livre au monde sans l'aimer beaucoup. Des enchaînemens insensibles font passer les jours entiers sans souvent que l'on apperçoive que l'on a vécu.... puisque M. de Voltaire vous a fait ma confidence d'Anglois, je vous avouerai que cela m'a extrêmement occupée & amusée...... Je suis charmée qu'Adélaïde vous plaise; elle m'a touchée. Je la trouve tendre, noble, touchante, bien écrite, & sur-tout un cinquième Acte charmant. Elle ne sera pas jouée si-tôt ; la pauvre petite Dufresne se meurt. Elle a renvoyé son *roole*. V\*\*\*, en est fort affligé, & il a raison ; elle étoit très-capable de faire valoir son *roole*, & la petite *Gossein* le joueroit pitoyablement. Pour moi, je suis d'avis qu'il attende la guérison de Mademoiselle Dufresne. Il y a trois semaines qu'il est malade lui-même, & qu'il n'a pas sorti. Mais il n'en a pas l'imagination moins vive & moins brillante ; il n'en a pas moins fait deux Opéras, dont il en a donné un à Rameau, qui sera joué avant qu'il soit six mois. On vous aura sûrement mandé ce que c'est que Rameau & les différentes opinions qui divisent le Public sur la Musique ; les uns la trouvent divine & au-dessus de Lully ; les autres la trouvent fort travaillée, mais point agréable & point diversifiée. Je suis, je l'avoue, des derniers ; j'aime cent fois mieux Issé que l'on joue à présent, & où Mademoiselle le Maure se surpasse...... &c.

*A Paris, ce 28 Mai.*

JE ne puis me guérir de vous aimer & de saisir avec empressement les occasions de vous le dire. Je vous envoye la Bataille de Fontenoi de ma part & de celle de l'Auteur. Je desire que vous soyez heureux, & je le serai parfaitement, si je puis quelque jour jouir de votre amitié. La vie vous aime trop, pour que vous ne m'aimiez pas toute votre vie.

*Sans date.*

:..... V\*\*\*., des affaires de qui j'avois commencé à vous rendre compte, & qui me donnent tant de chagrin & tant d'inquiétude, est plus à plaindre que jamais. Ses affaires vont tous les jours de mal en pis. Le *G. d. S.* a paru appaisé ; il avoit même donné des paroles de paix à Madame d'Aiguillon ; il avoit demandé de lui des Lettres de désaveu de ce malheureux Livre, moyennant quoi il promettoit de révoquer cette Lettre signée, *Louis*. Il a écrit & fait tout ce qu'on a voulu avec une docilité attendrissante. Mais le départ de Madame d'Aiguillon, qui étoit la Plénipotentiaire de cette affaire, a fait évanouir toutes mes espérances. Le Ministère paroit plus irrité que jamais. Le Parlement l'a brûlé. Il y a dans l'Arrêt une permission d'informer que le Procureur-Général veut poursuivre, contre toute vraisemblance. La Cour ne veut point révoquer sa Lettre de cachet. On lui fait un crime d'un voyage qu'il a fait au Camp, que son amitié seule pour M. de Richelieu lui a fait entreprendre sur les bruits qui passoient pour constans en Lorraine où il étoit alors, qu'il étoit blessé dangereusement ; d'autres disoient même mort. Mais il y a des tems où tout se tourne en aigre. On lui a prêté cent mauvais propos. Le Ministère a saisi ce prétexte avec plaisir. Je suis bien convaincue qu'il a un dessein formé de le perdre. On parle d'un bannissement. Pour moi, je ne sais plus qu'en croire; je sais bien qu'à sa place je serois à Londres ou à la Haye, il y a déjà long-tems. Je vous avoue que tout cela m'a sensiblement affligée; je ne m'accoutume point à vivre sans lui, & à l'idée de le perdre sans retour, cela empoisonne toute la douceur de ma vie. Vous voyez que vos Lettres & les marques de votre amitié me deviennent tous les jours plus nécessaires. M. de Maupertuis me voit souvent; il est extrêmement aimable. Il me semble que vous le connoissez peu; mais sûrement, si vous le connoissiez davantage, vous en feriez cas. Il prétend qu'il m'apprendra la Géométrie. Mon voyage a fort retardé le projet; je commence à le reprendre. Je lis l'Anglois assez bien à présent; mais je n'ai pu encore parvenir à l'écrire couramment. Je lis le conte du Tonneau c'est un Livre bien plaisant & bien singulier. Il y a à la Comédie Françoise une Tragédie nouvelle nommée Didon. Elle est d'un jeune homme de 22 ans, & n'est pas sans mérite ; mais elle ne mérite pas la moitié du bien qu'on en dit. Il y a aussi une petite Pièce qu'on appelle *la Pupille*, qui est d'un M. le Rayer, Conseiller au Parlement, & qui est charmante. On joue les Élémens, & Mademoiselle le Maure a la voix plus belle que jamais. Il paroît un Livre du Président de *Montesquieu* sur les causes de la décadence de l'Empire Romain, qui ne me paroît point digne de l'Auteur des Lettres Persannes, quoiqu'il y ait de l'esprit. Vous en jugerez, car vous l'aurez apparemment. Vous voyez que je vous fais chère d'avare par la longueur de cette Lettre ; mais si vous me répondez un peu exactement, je vous promets de vous écrire toutes les semaines, & je me le promets bien à moi-même : car j'y trouve un plaisir extrême. La façon pleine d'amitié dont vous avez partagé ma douleur, est une des choses du monde qui m'a fait le plaisir le plus sensible. Qui peut vous exprimer combien j'ai senti vivement le desir que vous avez eu de la venir partager ? Je sens qu'il n'y a point de malheur dont votre amitié ne console. On travaille à force à mon hermitage, & je ne désespère pas de vous y recevoir un jour. On m'a peu parlé de vous ici ; je crois que vous n'êtes pas en peine de mes réponses en cas que l'on m'en parlât. Adieu, Monsieur ; je vous quitte avec peine, & j'ai besoin que le papier se refuse à tout ce que mon amitié me dicte.

L'Univers est instruit que M. de Voltaire a fait un Traité de la Tolérance; mais presque tout l'Univers ne sait pas qu'il a fait un beau Poëme, intitulé : La Guerre de Genève.

Tout le monde sait qu'il a jusqu'à l'ennui sollicité l'indignation publique contre le fameux Poëte Rousseau, pour des Vers méchans que peut-être il n'avoit pas fait ; mais beaucoup de gens ignorent que le bel esprit imitateur s'est efforcé d'acquérir de plus justes droits au même sentiment. On doit, pour l'édification générale, répandre les productions avouées de cet homme d'un caractère si benin, d'une conscience si timorée, qu'il ne pardonna jamais davantage à J. B. Rousseau sa réputation & ses vices, qu'à J. J. Rousseau sa gloire & ses vertus.

J'ai fait imprimer à la suite de la Satyre une Lettre du célèbre infortuné qu'elle attaque. Je plains ceux pour qui ce rapprochement ne vaudroit pas un excellent commentaire.

*L'Inconstance donne ses ordres au Héros du Poëme ; elle lui dit :*

Robert Covelle, allez trouver Jean-Jaques,
Mon favori. . . . . . . .
. . . . . . . . . .
C'est le soutien de mon culte éternel.
Toujours il tourne & jamais ne rencontre.
Il vous soutient & le pour & le contre,
Avec un front de pudeur dépouillé.
Cet étourdi souvent a barbouillé
De plats Romans, de sades Comédies,
Des Opéras de minces mélodies ;
Puis il condamne en style entortillé
Les Opéras, les Romans, les Spectacles.
Il vous dira qu'il n'est point de miracles,
Mais qu'à Venise il en a fait jadis.
Il se connoît finement en amis ;
Il les embrasse & pour jamais les quitte.
L'ingratitude est son premier mérite ;
Par grandeur d'ame il hait ses bienfaiteurs.
Versez sur lui les plus nobles faveurs ;
Il frémira qu'un homme ait la puissance,

La volonté, la coupable impudence,
De l'avilir en lui faisant du bien.
Il tient beaucoup du naturel d'un chien;
Il jappe & fuit, & mord qui le caresse.
Ce qui sur-tout me plaît & m'intéresse,
C'est que de Secte il a changé trois fois,
En peu de tems, pour faire un meilleur choix.

*Trois pages plus loin.*

Les antres sauvages de Moutiers-travers sont:
. . . . . . De Rousseau le digne & noir palais.
Là se tapit ce sombre énergumène,
Cet ennemi de la nature humaine,
Pétri d'orgueil & dévoré de fiel.
Il fuit le monde & craint de voir le Ciel,
Et cependant sa triste & vilaine ame
Du Dieu d'amour a ressenti la flamme.
Il a trouvé, pour charmer son ennui,
Une Beauté digne en effet de lui.
C'étoit Caron amoureux de Mégère.
Une infernale & hideuse sorcière
Suit en tous lieux le magot ambulant,
Comme la chouette est jointe au chathuant.
L'infâme vieille avoit pour nom Vachine;
C'est sa Circé, sa Didon, son Alcine.
L'aversion pour la terre & les cieux

Tient lieu d'amour à ce couple odieux.
Si quelquefois dans leurs ardeurs secrettes
Leurs os pointus joignent leurs deux squelettes,
Dans leurs transports ils se pâment soudain
Du seul plaisir de nuire au genre humain.
Notre Euménide avoit alors en tête
De diriger la foudre & la tempête
Devers Genève. Ainsi l'on voit Junon,
Du haut des airs terrible & forcenée,
Persécuter les restes d'Illion,
Et foudroyer les Compagnons d'Énée.
Le roux Rousseau. . . . . .
. . . . . . Tel est son caractère;
Il n'est ami, parent, époux ni père;
Il est de roche, & quisonque en un mot
Naquit sensible, est fait pour être un sot.

# LETTRE

De J. J. ROUSSEAU

A M. DU MOULIN, Procureur-Fiscal de S. A. S. M. le Prince de Condé, à Montmorency près Paris.

*A Moitiers-travers, le 16 Janvier 1763.*

J'APPRENDS, Monsieur, avec d'autant plus de douleur la perte que vous venez de faire de votre digne oncle, qu'ayant négligé trop long-tems de l'assurer de mon souvenir & de ma reconnoissance, je l'ai mis en droit de se croire oublié d'un homme qui lui étoit obligé & qui lui étoit encore plus attaché, & à vous aussi. M. Mathas sera regretté & pleuré de tous ses amis & de tout le Peuple dont il étoit le père. Il ne suffit pas de lui succéder, Monsieur, il faut le remplacer. Songez que vous le suivrez un jour & qu'alors il ne vous sera pas indifférent d'avoir fait des heureux ou des misérables. Puissiez-vous mériter longtems & obtenir bien tard l'honneur d'être aussi regretté que lui.

Si le souvenir des momens que nous avons passés ensemble vous est aussi cher qu'à moi, je ne vous recommanderai point un soin qui vous soit à charge, en vous priant d'en conserver les monumens dans votre petite maison de Saint-Louis. Entretenez au moins mon petit bosquet, je vous en supplie, sur-tout les deux arbres plantés de ma main ; ne souffrez point qu'Augustin ni d'autres se mêlent de les tailler ou de les façonner ; laissez-les venir librement sous la direction de la Nature, & buvez quelque jour sous leur ombre à la santé de celui qui jadis eut le plaisir d'y boire avec vous. Pardonnez ces petites sollicitudes puériles à l'attendrissement d'un souvenir qui ne s'effacera jamais de mon cœur. Mes jours de paix se sont passés à Montmorency, & vous avez contribué à me les rendre agréables. Rappellez-en quelquefois la mémoire ; pour moi, je la conserverai toujours.

ROUSSEAU.

Mademoiselle Levasseur vous prie d'aggréer ses respects & de les faire aggréer à Madame du Moulin. Je me suis placé ici à portée d'un village catholique pour pouvoir l'y envoyer le plus souvent qu'il se peut remplir son devoir, & notre Pasteur lui prête pour cela sa voiture avec grand plaisir. Je vous prie de le dire à M. le Curé qui paroissoit allarmé de ce que deviendroit sa religion parmi nous autres. Nous aimons la nôtre, & nous respectons celle d'autrui.

Permettez que je vous prie de remettre l'incluse à son adresse.

*Ce Paralelle, digne d'être conservé, est tiré d'un Ouvrage qu'une circonstance indifférente au Public n'a pas permis de répandre. Cet Ouvrage traitoit de la Peinture & de la Sculpture; l'Auteur, à l'occasion des Bustes de Voltaire & de J. J. Rousseau, disoit:*

VOILA donc ces deux hommes célèbres que la France a perdu presqu'en même tems. Il est singulier qu'on nomme & qu'on voye toujours ensemble deux êtres, dont la destinée a été si constamment différente, que le rapprochement qu'on en pourroit faire sembleroit un jeu de l'imagination. Voltaire étoit noble & riche; le second pauvre & roturier. Le génie du premier fut précoce; J. J. ne développa le sien qu'au bout de quarante ans. Il n'a cessé d'estimer les talens de l'Auteur de Mahomet & d'Alzire. Celui-ci paroît avoir méprifé jufqu'aux vertus de fon admirateur. On diroit que, par l'échange le plus bizarre, chacun d'eux avoit adopté la Patrie de fon Rival. L'un n'écrivit qu'afin de prouver au genre humain que le bonheur étoit feulement un fruit des mœurs pures ; l'autre unit, dans fes Ouvrages, les éclairs d'un efprit jufte aux erreurs d'un efprit léger. Il recueilloit des vérités brillantes par-tout où l'imagination fuffifoit pour pénétrer, & fon génie ne lui fournit prefque jamais de réflexions vraiment profondes. D'ailleurs, ayant affoibli fon ame dans le commerce des Grands, il s'aveugloit fouvent lui-même fur le danger de fes maximes. En même tems qu'il faifoit l'éloge des vertus, il excufoit le luxe qui les corrompt. Il foutenoit qu'en matière de Religion c'étoit un mal que de contraindre les efprits, & il employoit à les contraindre la feule arme qui fut en fon pouvoir,

pouvoir, le poignard du ridicule. Après avoir acquis une fortune immense, il se vantoit sans cesse d'avoir aidé quelques malheureux. Je n'ai pas besoin d'exprimer duquel de ces deux hommes je parle; ce que j'en dis suffit pour les distinguer.

Cette opposition dans le sort & dans les mœurs a été encore favorisée par le hasard.

L'un s'est vu mourir environné de sa famille, dans le pays de sa naissance, au milieu de ses vains triomphes, & tourmenté par le seul regret d'en jouir trop peu.

────────────

J'ai ouï dire à une personne de distinction, qui tenoit le fait de M. Tronchin, que V*** est mort en désespéré. Il pestoit, il juroit contre sa Garde; il apostrophoit la Mort & lui crioit, en déclamant avec de grands gestes : O Mort, éloigne toi; éloigne toi..... Quoi ! il faut mourir !... Il prenoit les mains de son ami Tronchin, il lui disoit: Mon ami, mon cher ami, donnez

Jean-Jacques devenu assez infortuné pour souffrir qu'on le recueillît dans une maison étrangère, y perd bientôt après, dans une courte agonie, des jours qu'il avoit passé dans de longs tourmens. L'homme estimable qui se flattoit de lui accorder long-tems un asyle, a eu la douleur de ne lui offrir qu'un tombeau !...... Le tombeau de Voltaire est placé, loin de nos regards, en des lieux qu'il eût voulu détruire. Sa cendre peut-elle reposer en paix sous les Autels qu'il ébranla. O Jean-Jacques ! on a déposé la tienne sur des rivages dignes de la recevoir. Dans ce même séjour, où la Nature simple & tranquille étale aux yeux des charmes si variés, on viendra contempler avec une douce mélancolie

---

moi votre parole d'honneur que je ne mourrai pas.... D'autres fois il s'écrioit : Ils m'ont empoisonné avec leur fumée de gloire.

les restes de celui qui nous en inspira l'amour ; & tandis que les froids éloges qu'obtiendra Voltaire auront droit d'irriter son ombre, les cris furieux de l'envie acheveront le tien.

Défauts constatés sur le document original

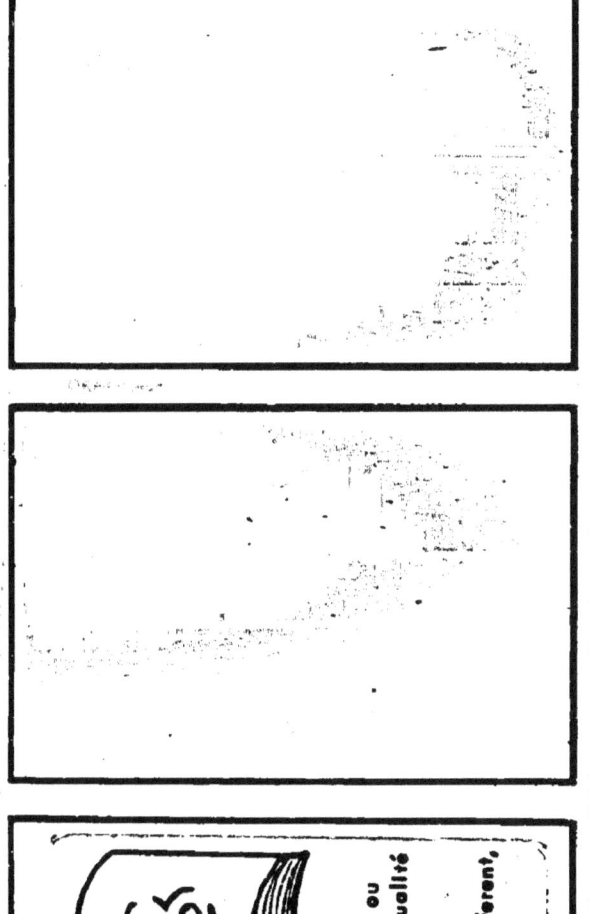

Contraste insuffisant ou différent, mauvaise qualité d'impression

Under-contrast or different, bad printing quality

www.ingramcontent.com/pod-product-compliance
Lightning Source LLC
LaVergne TN
LVHW050616090426
**835512LV00008B/1522**